황금빛 화살

시현실
시인선
009

황금빛 화살

김동철 시집

도서출판
예맥

시인의 말

아침이 아름다운 것은
새로운 하루를 시작하기 때문이고
저녁이 아름다운 것은
노을빛 함께 쉬어갈 수 있기 때문이다

뫼는 침묵을
시냇물은 가야 할 길을

빗물이 목마름을 달래고
바다가 한 아름 품어주면서
바위는 변함없이 내 곁을 지키지만
바람이 몰래 스쳐가고 있다

이별 앞에 봄은 다시 찾아왔고
겨울이 지나면서 삶을 배웠다

믿음이 있다면
하늘엔 해와 달과 별이
변치 않는 나의 벗이기 때문에

김동철

| 차례 |

| 시인의 말 |

제1부
가끔 새가 걸렸다

고향 1 13
고향 2 14
발자국 15
간이역 16
시촌의 가을 17
대관령 길손 18
빛바랜 도시 19
정선 장날 20
첫눈이 오던 날 21
교문암 22
안반데기 사람들 23
하조대의 노송 24
부랄 친구 25
구절초 26
잃어버린 시간 27

제 2 부

당신이 없습니다

그림자 31
첫 생일 32
영정 앞에서 33
못 잊을 사랑 34
벨벳치마 35
기차여행 36
어머니의 사랑 37
광목 바래기 38
풀무 39
아랫목 40
꽃 비녀 41
노인의 맹세 42
다비 43
보물찾기 44
가슴에 묻는 아픔 45

제3부

은색의 카펫 위를 걷던

우산 49
사랑하는 마음 50
설렘 51
목련이 피던 날 52
당신 53
갚지 못한 빚 54
첫 사랑 55
첫눈 56
교정의 이별 57
오월 58
가을 비 59
하트 섬 60
정년퇴직 61
해신당 62
늑대 63

제4부

내가 흔들리지 않게

꿈의 패러독스 67
내일을 위해 죽는 오늘의 시간들 68
삼복 69
소나기 70
절규 71
공중태기 72
못 1 73
못 2 74
욕심 75
마음에 갇힌 시간 76
처음처럼 77
연말연시 78
한 1 79
한 2 80
수석 81

시해설 83

제 1 부

가끔 새가 걸렸다

고향 1

눈보라치던 날 밤
아리랑나루 언덕

얼음저린 하얀눈 머리에 이고
살구나무 고목에 기대어
웅크리고 앉은 초가 한 채

사립문 들어서자
안방 창문에 비치는
흰 그림자 하나,
졸고 있다

어머니

고향 2

내가 찾던 길은
바람을 헤치고 달려가던
숲 사이로 트인 오솔길

내가 찾던 곳은
호흡하기 힘든 아파트 숲이 아닌
물새가 찾아드는
강나루

내가 쉬고 싶은 곳은
구박에 담아도 예뻐 보이는
들꽃 어우러진
어릴 적 기억들이 숨쉬는

매미 우는 마을

발자국

목화솜 카펫이 밤새 내려앉아
호흡이 멈춘 대지에

산달 며느리
산후통 소리에 놀라 내친
친정어미 발걸음인지
새벽을 헤집은 또렷한 발자국이
나를 부른다
윷판에 말 가듯 따라 걸었다
낯선 나그네도
두꺼운 외투로 입을 막고
뒤를 따른다

길이 되었다

간이역

선뜻 자리를 내주는
이장님 댁 툇마루

고향 버스를 기다리는 동안
연탄난로만큼 따뜻하다
길목에 앉아
생에 지친 나그네들이
잠시 들르면
햇볕 가득담은 마을 어귀에
그늘을 깔아놓고 기다리는

동구 밖 정자나무

시촌 柿村 의 가을

가을빛 듬뿍 머금은 감잎이
니크롬선 햇살을 타고
멍석 위로 내려앉는 오후

태양초 말리는 햇볕 따라
양지 달금 나온 할매는
뒷산 양지녘 먼저 가신 영감이 그리운지
평상에 누워 지그시 눈을 감는다

바람이 오후를 흔들어
진홍빛 홍시를 마당으로 끌어내리면
나는 익어가는 가을을 먹는다

시촌의 마당이
빛바랜 시간을 하나 둘 줍고 있다

대관령 길손

아흔아홉 고갯길
오르내리면

봄에는 초록이
초막골 산기슭 기어오르고
가을엔 단풍이
반젱이 산등성 타고 내린다
삼백 예순 다섯 날
삼포암 골짜기 오르내리다
새파란 칼바람이
콧등을 에이던 날

능정봉 머리에
흰 눈이 앉았다

빛바랜 도시

여기저기
전봇대

전봇대가 어둠을 잡으러
우리 집에 왔다
목줄을 매고 왔다

파아란 하늘에 줄을 그었다
벽채마다 유리창엔 낙서를 하고
골목길엔 거미줄을 쳤다
가끔 새가 걸렸다
보름달도 매달렸다

가자.
반딧불이 떠다니고
달빛 편히 내려앉는
전봇대 없는 초원으로

정선 장날

온다 온다
대목 장날
눈이 까진 새도 온다

1일 6일, 2일 7일
3일 8일, 4일 9일

2 9 5 9
8 9 5 9
2 9 8 9
4 9 8 9

1 9 1 9 전대 가득
흥흥 가득 4 9 5 9

첫눈이 오던 날

아침에 일어나 커튼을 젖히니 눈이 내린다

쇼파에 앉아 밖을 보다가
어릴적 눈 내리던
고향을 보았다
그리운 통천집 마당에도 눈이 오겠지
동무들은 무얼하고 있는지
창밖이 온통 고향으로 가득하다
부모님과 헤어지던 날도
눈이 내렸다
"이제 헤어지면 언제 다시 볼 수 있을까" 하시던
그 말씀, 귓가를 맴돈다.
마을 앞 어귀를 돌아설 때까지
눈을 맞으며 지켜보시던 아버지는
아직도 저만치 서 계신다

첫눈이 내리던 그날
마지막
이별의 시간이
푸른 기억 속에 남아있다

교문암

정원도 없는
사근진 해변에서

바다를 전쟁터로 삼아
파도와 싸우는 당신

양반다리로 꼿꼿이 앉아
동해를 바라보며

율도국의 일출을
기다리고 있다

안반데기 사람들

댕그랑 댕그랑
워낭소리 따라
밭을 갈아 씨앗을 심으며
농부는
가을 기도를 한다

댕그랑 댕그랑
암소가 허리를 펴는 시간
새참을 먹으며
농부는
풍년을 기원 한다

하조대의 노송

어쩌다
바위틈에 박혀
싹을 틔우고 터를 잡은
너에게

삼복 무더위는
바위를 달구어 무섭도록 고문했고
뼛속 스미는 매서운 칼바람은
폐광 막장의 처절함이었는지

오랜 세월
주리고 찌든 생의 인고를
온 몸에 담아
바위에 앉아 곱게 익은 자태는
눈이 부시다

부랄 친구

그리움은
기다림이 되고

기다림은
그리움의 실오라기를
왼쪽 가슴 얼레에
감고 있다
가끔
얼레 틈새로
그리운 얼굴이
샐쭉 비친다

구름 사이로 내민
고향의 얼굴이다

구절초

당신은
산비탈 양지녘에서
아버지 묘둥지를 지키고 있다

대를 잇느라
한 점 꽃씨로
갈대 수푸렁에 코를 박고
비바람과 싸우며 꽃을 피우다가
풀벌레 소리에 흠뻑 젖은 당신은
찬바람 불어오던 날
야윈 몸 추스르며
어릴 적 고향을 다시 찾는다

당신은
홀아비를 지키는
산골처녀

잃어버린 시간

덜 챙긴 허전한 마음이
가던 길 되돌아본다

힘든 날은
초바늘을 타고 도망치려 했고
즐거운 날은
당신을 장미꽃 광주리에 담아두려다가
진달래꽃 필 때 훈풍에 날려 보내고
하루해 곤히 늘어진 그늘에서 게으름 피우다
당신을 썩혀 버렸다

은행잎 쏟아지던 날
당신을 담으려 했지만
멈추질 않았다

제2부

당신이 없습니다

그림자

눈길 떼지 못하는
어머니

손길 놓지 못하는
어머니

지옥이라도
따라나서던 그대의 발길

지금, 어디에도
당신이 없습니다

첫 생일

사랑이
점토처럼 뭉쳐진
한 아이가

침묵을 깨고
세상으로 나오던 날
함성을 치며
두 손 불끈 쥐었다

이젠
생의 아우성 소리가
요란스럽다

영정 앞에서

대문을 열면
금방이라도 들어설 것 같은
함박웃음으로 반겨 맞을
당신

온몸 저리도록
마음 깊은 곳에 남겨진
빛바랜 사진첩의 추억들이
파도처럼 밀려오는데
당신은 회색그림자로 흩어져 맴돈다

시계바늘 수천바퀴 돌고 돌아
한 점되어 날아오른 방패연 같은
그리움의 심줄을 잡고
가슴 조일 때

된장 맛 우러나듯
당신의 체향이 피어나면
못다한 사랑이야기
나눌 수 있겠지

못 잊을 사랑

그대의 목소리는
바람에 실려 온 사랑의 세레나데
달빛 스민 창틈으로 밤새 들으렵니다

그대의 미소가
구름 뒤에 잠들면 행여 나를 못 볼까
달빛 새는 밤하늘 쓸어가며 봅니다

그대 향한 그리움
곁에 두고 싶을 땐
두 눈 꼭 감고 가슴깊이 새겨둡니다

벨벳치마

한때
명품으로 당당했던 당신

병원에서 치료를 받았지만
시간이 늙어
이젠
손자들의 방을 닦는다
당신의 맥 빠진 어깨너머로
낡고 해진 치맛자락이 방바닥을 뒹굴면
오월의 화려했던 당신의 모습은
잊은 지 오래다

노인복지관 앞에
굽은 지팡이가 걷고 있다
내가 서성이고 있다

기차여행

아버지는 레일

어머니는 기차

나는 손님

어머니 조전弔電을 받은

오늘 까지

어머니의 사랑

잊는다는 것은

기억에서 지워 버리는 것

시간이 흐르면 잊어질까

이 밤 지새면 잊어질까

꿈속을 헤매어도

지워지지 않는 당신

광목 바래기

오동나무가
죽순처럼 쑥쑥 자라면

어머니는
따가운 햇볕에 정수리를 달구며
냇가에 가마솥을 걸어놓는다
잿물에 광목을 삶으며
이별의 고통을
빨래 방망이로 두들기며
삶고 또 삶아
티 없는 누님의 내일을
가을볕에 말린다
돌 장광에 길게 늘어놓은
백목련 카펫
나는 그 길을 지켰다

결혼식 날 밟고 갈
누님의 길을

풀무

버강지* 앞에 쭈그리고 앉아
바람을 일으킨다

아침밥 지으시며 훔쳐 우시는
한 여인의 눈물
매캐한 연기 내치는 송아리 무덤에
꺼져가는 목숨 지피느라
먼지 뒤집어쓰고
생의 때를 덕지덕지 안은 채
부엌데기로 살았다
아궁이에 아침을 지필 때면
당신은
긴 장마의 햇볕만큼 귀하다

종부의 사랑이다

* 아궁이

아랫목

따뜻하면 좋겠다
내가 돋고
꽃을 피우니

따뜻하면 좋겠다
마음속 푸른 멍이 쑥떡에 스미듯
얼음장 밑으로 강물이 흐르게

수은주가 움츠리는 날엔
내 마음이
아랫목을 찾는다

따뜻하면 좋겠다
어머니 품처럼

꽃 비녀

꽃길을 가라며
오아시스를 향해
나를 안고 사막을 달리던 당신

땅바닥에 엎드린 영혼으로
채송화 피우며
장독대를 지키던 당신
무쇠 솥에 붙은
감자 누룽지 같은 투박한 손길로
부뚜막을 지키던 당신

나를 등에 업은 채
하루라도 솥뚜껑 놓칠까
쌀 뒤지 지키며
1988년 까지 바래다준

당신은 랍비

노인의 맹세

돌아서면 잊어버려

돌아서지 말자고 했는데

자꾸만 궁금해져

뒤 돌아본다

낡아가는 뒷모습을

다비

얕은 잠 빠져들어 꿈속을
노닐다가

꿈에서
깨어나니 이승에 살고지고

불속에 누워
깊은 잠을 청하니

나무 아미타아불
관세음보살

보물찾기

요즈음 보물찾기 놀이를
자주 한다

찾으러 갔다가
까마득히 잊어버리고
"왜 왔지" 하고는
도무지 알 수 없어
다시 돌아와 머릿속을 더듬다가
도망간 기억을 잡아내면
그렇게 기쁠 수가 없다

나를 찾았으니

가슴에 묻는 아픔

얼마나 마음 아팠으면
당신을 만나는 순간
얼굴을 묻고 펑펑 울었을까

얼마나 가슴 아팠으면
망연자실 바닥에 주저앉아
땅을 치며 울었을까

당신이 내게로 달려 온
생이라는 이름 앞에

제 3 부

은색의 카펫 위를 걷던

우산

비 오는 날
버섯이 거리에 피어난다

해바라기 활짝 웃는 날에는
마음 한 구석 접어두었다가
먹구름 몰려오면
둥지 잃은 어미새처럼
달빛 머금고 수줍은 박꽃도
실이 바늘 찾듯 그대를 그리워한다
만나는 순간
손목을 잡고 단숨에 내달아
어깨에 걸치고 거리를 누비다가
태양이 질투하듯 너털웃음 건네면
귀찮아한다
때로는 버리고 간다
한 여인의 품처럼 따스한 사랑도
달이 기울어 그믐이 되면 손을 놓는다

비가 오는 날이면
그대는
그리움의 상사화

사랑하는 마음

내가 당신을 사랑하는 것은
나에게 아직 멈추지 않은
가슴이 뛰고 있기 때문입니다

내가 당신을 사랑하는 것은
못 견디게 보고 싶어
단숨에 달려가려는 그리움 때문입니다

밤하늘 수많은 별을 보며
내가 당신을 사랑하는 것은
사랑의 속삭임이 아직 끝나지 않았기 때문입니다

초승달 서산에 앉거든
어둠을 멈추고 쉬어 가게 해 주오
당신을 향한 뜨거운 열정이 산처럼 쌓여있어
그대를 보내드리지 못하기 때문입니다

설렘

그리움이 달려오면

거울이
나를 데리고 가서
매무새를 챙기고 있다

그리워하는
그 사람이 금방 나올 것 같은
거울 속을 들여다보며

목련이 피던 날

하얀 탄성
나이팅게일 가관식이다

너가 웃던 날, 은색 카펫위로
백옥의 웨딩드레스를 입은
아내가 가슴에 안긴다
너가 웃던 날
내일이 오는 줄 알면서도
오늘을 보내고 싶지 않았다
비에 젖을까 가슴조이며
당신의 가녀린 손을 잡고
은색의 카펫 위를 걷던

처음처럼

당신

사랑을 마음에 담아두면
꽃이 되고
그리움에 잠기면
눈물이 된다

펌푸가 마중물 없이
깊은 샘물을 들어 올릴 수 없듯이
손바닥은 하나로 소리 낼 수 없어
당신은 두 손으로 나를 꼬옥 잡아 주었다
용맹스런 보라매의 날개도
하나가 아닌 둘이였기에
어디라도 날아오를 수 있다

깊은 밤
혼자 걷는 오솔길
나를 마중 나온 상현달은
당신의 얼굴입니다

갚지 못한 빚

내 얼굴은
당신께 보여드렸지만
내 마음은
당신께 보여드리지 못 했습니다

그것은
당신이 편히쉬어 갈
초가 한 칸이 되지 못하기 때문이요
당신을 품어줄
호수가 되지못하기 때문입니다
마주하는 동안
가끔 웃음꽃이 새어 나오긴 했지만
당신 앞에만 서면

빛바랜 삶의 빈 통장이
가슴을 할큅니다

첫사랑

그대가
내게 건넨
옥색 모시적삼 한 벌

순간
콩깍지가 눈에 박혀
인두에 가슴을 태워버린

눌은 자국

첫눈

그대가
깃털처럼 내 발등에 내리던 날
내 곁에 살짝 다가와 앉는
새하얀 꽃이어라

그대는 밤새
나의 침실 너머로
그리움 아름안고 찾아와
시린 내 가슴
소리 없이 덮어주고 간

첫사랑의 편지어라

교정의 이별

가브리엘* 교정에
단풍나무들이 작별을 고하고 있다

진눈깨비 맞으며 손을 흔드는
잎새에 맺힌 당신의 눈물을
나는 가슴에 담아 두지만
그날
이별을 못내 아쉬워하던 당신은
땅바닥에 벗어 던진 붉은 드레스를
나더러 밟고 가라합니다

엊그제 까지 웃음 가득했던 당신의 품에서
나는 새로운 만남을 기약하며
당신을 밟으며 떠나야 했지만

만남을 맡겨두고
떠나는 당신은
대관령의 혹한 바람과 싸우다
삼월 삼진날
아름의 꽃을 안고 달려오겠지

* 카톨릭관동대학교 공학관

오월

사막을 걷고 있을 때

당신이 찾아오면
꽃밭이 되는
내 마음

당신은 내 삶의
오아시스

가을비

빗방울이
길바닥 무자리로* 곤두박질 치며
파문을 일으킨다

걸음걸음 발끝 마다
동그라미를 그리고 있다
가슴에 담긴 그리운 얼굴이다
눈을 맞추려하면 사라지고
사라지는 듯 다시 그린다
당신을 그리고 있다

가을이 뒹구는 텅 빈 벌판으로
외로움이 당신을 헤집고
추억의 전각이 묻어나는
시월을 밟으면

그리움이
비 오듯 쏟아져 내린다

* 물이고인 곳

하트 섬

너는 한낱 이벤트가 아니다
내 가슴을 달구는
뜨거운 감자 같은 것
봉지 속에 포장된 것이 아니라
입 안에 든 알사탕이어야 한다

세인트루이스강의 천섬 가운데
그대의 입술에 넣어주지 못한
사랑의 섬 하나
강물에 스며 흐르고 있다
가슴을 쓸어내리는
1900,
볼트의* 사랑이다

그대를 찾은 날
천섬엔 비가 내렸다
내 마음에도 비가 내린다

* 뉴욕 아스토리아호텔 조지 볼트 회장

정년퇴직

검은 이불 한 장 들고
지구를 돌아
잠을 재우는
너도
잠들고 싶겠지
그믐날 밤엔

용광로 불덩이 안고
지구를 돌아
잠을 깨우는
너도
쉬고 싶겠지
비 오는 날엔

해신당

황금빛 햇살이
남근 숲 뒷등에 쏟아져 내린다

마을 지붕위엔 고추가 불을 뿜고
벤취엔 천년지기 덕배와 늑대들이
양지달금 한다

애란이가 지나가며 던진 말
"따가운 햇살이 얼굴에 흙구름 덮는데
왜 양지에 앉아있지?"

검은 썬그라스의 늑대가 농弄으로 던진 말
"고추 말리느라고."
말이 끝나기 무섭게
요강이 깨지는 애란의 웃음소리는
파도치듯 해신당을 울리고
메아리쳐오는 늑대의 또 다른 외마디는

"태양초래요."

늑대

내 것이 있는데

남의 것에 눈을 돌린다

틈만 나면 그런다

모두가 그런다

제 4 부

내가 흔들리지 않게

꿈의 패러독스

올라가야만
꿈이 이루어지는 줄 알았다

큰 산이 있었다

내려가면
꿈을 포기하는 줄 알았다

바다가 있었다

내일을 위해 죽는 오늘의 시간들

황금빛 화살이 마당에 양탄자를 펼칠 때
그를 따라 걸어간다

그가 정오를 알린다
내일을 위해 죽는 오늘의 시간들이
발밑에서 시체로 쌓인다
스무 살 꽃이었을 때
완행열차로 생의 돌담을 쌓으며 다녔다
이젠
흰 눈썹 빗질하며 황야를 달린다
너에게 생을 구걸하며
나는 소금꽃 피는 땀을 흘린다
오월의 욕망과 동행을 하지만
때론 빈 맷돌로 허공을 공회전한다 하지만
어깨를 맞대고 간다
멈출 수도 없다
육중한 루사*도 견디고 소풍도 갔지만

시계바늘 따라
백두대간의 고개를 넘나들던 나의 생은
빈손이다

* 2002년 태풍

삼복

생을 쥐어짜는
염천 그늘에

옷이 없어도 좋은
이불이 없어도 좋은
집이 없어도 좋은

없어도 좋은
노숙자의 미소

소나기

먹구름이
스포트라이트를 터뜨리고
굉음의 물장구를 치면

구멍 뚫린 하늘에서 쏟아지는 물폭탄이
난타 페스티벌을 펼친다
시간을 잠시 붙잡고
양철지붕 이거나 텐트 속에서
와인을 마시고 싶은 분위기다
오만가지 소리의 물방울 난타는
생의 아우성을 피해 도망 나온
나의 뒤안길을 말끔히 씻어 내리고 있다
십년 묵은 체기가 도망가듯
연주가 끝나자

잠자던 브러쉬가 반원을 그리면
마음의 찌든 창에
무지개가 뜬다

절규

너의 아픔이
나의 아픔으로 저려와
눈물을 흘려 보았던 적이 있는지

아홉 살 소녀 가장의 애절함이며
정신박약 조울증 부모의 망연자실이며
시각장애인의 보이지 않는 공포와
청각장애인의 냉가슴,
어린자녀를 둔 말기 암 환자의 고뇌이며
끼니 걱정하며 냉방에서
겨울을 보내는 가족의 슬픔이며
자식을 먼저 보낸 어미의 아픔이며
글자를 모르는 문맹자의 한,

그들이
내 가슴에 안기는 순간
복받치는 마음 울먹이다가
눈을 감는다

공중 태기

눈이 내리면
언덕에 살고 있는 나에게
미끄럼 주의보가 귓전을 울린다

연탄재로 부적을 뿌렸지만
눈밭 언덕을 절절매며 걷다가
뒤로 내동댕이치면
액비통에 빠진 닭을 본 듯
사람들은 웃는다

당신도
살얼음판을 걷고 있으면서

못 1

못은 두들겨야
박히고

못은 잡고 박아야
탈이 없다

한번 굽은 못은
다시 박아도 굽는다

그러나
박히면 끄떡없다

못 2

가슴에
못을 박으면 한이 되고

입에
못을 박으면 침묵이 된다

집을 지을 때는
대못을 박는다

내가 흔들리지 않게

욕심

대장장이가
모루를 가슴에 담고

쇳덩이를
불에 달구어 두들기고 구부리며
구슬땀을 흘린다

그대는
화덕의 불꽃이다

마음에 갇힌 시간

모든 게

때가 있다
때를 모르고 살다가
때가 지난 줄 모르고
아직도 그때인 줄 알고 산다

착각이다

처음처럼

소주도
가끔 마시면 즐겁다

설빔이 그렇듯
새것이 좋고
오랜만에 만나면 더욱 반갑다
설레는 가슴
불타는 사랑도
달이 기울면 식는다
가끔 훌쩍 털고
소풍을 가고 싶지만
다람쥐 쳇바퀴에 갇힌 나는
곡마단의 배우다

매일 맞이하는
아침도
가슴 설레이며
처음처럼 마시고 싶다

연말연시

한 장 남은
병신년이 벽을 잡고 식은땀을 흘리며
이별을 아쉬워하고 있다

아내는 은행에서 새로 맞이할 정유년
캘린더 내방에 데려다 놓았다
나는 얼른
병신년 위에 덮어 걸었다
한 해 동안 줄곧 쳐다보던 년을
뒤로 처박아 버렸다

지난 밤
장독 뚜껑에
흰 눈이 왔다 간 줄 모르고

한 1

말을 배우면 귀가 열리고
글을 배우면 눈이 떠지는데

눈 뜨고 보아도
캄캄한 세상
신문을 거꾸로 들었다가
사진을 보고는
죄 없이 놀랬고
고향 가는 버스 앞에서
기웃거리며 허둥대고 산다

지금도 한 낮에
밤을 안고 산다

한 2

혼자라는 응어리를
긴 한숨으로 내 뱉곤 한다

기댈 곳 없는 당신은
망망대해를 떠다니는
항구 잃은 뱃사공
눈물마른 길 잃은 낙타가
오아시스를 찾고 있다

당신의 바램은
사랑이 깃든 작은 둥지 하나

수석 壽石

당신은
나더러
침묵하라한다

당신은
나더러
기다리라한다

당신은
생의 비바람에
거칠어진
나에게

시간을 짊어지고
물처럼
살라한다

김동철 시인 시집 『황금빛 화살』 시해설

시적 사유가 서정과 접목된 지성의 꽃

(심은섭 |시인·문학평론가·가톨릭관동대학 교수)

Ⅰ. 들어가기

한 권의 시집 상재는 산모의 고통만큼이나 힘든 일이다. 그리고 오랜 시간 동안 언어와 싸워온 고통의 산물이다. 그런 까닭에 A. 아우구스티누스는 "시는 악마의 술이다"라고 했다. 소위 악마의 술을 빚어낸 김동철 시인의 첫 시집 『황금빛 화살』이 어떠한 내용으로 이 세상의 빛을 보게 되었는지 그 궁금증이 부풀려진다. 그러나 성급하게 작품을 대하지 않기로 한다. 시는 시인의 사상과 정서와 상상력을 동원하여 운율적인 언어로 그 뜻을 함축하여 표현한 언어예술이라는 엄연한 잣대를 놓고 음미해야 하기 때문이다.

또 다른 하나는 시는 최상의 마음의 가장 훌륭하고 행복한 순간의 기록이다. 시란 그것이 영원한 진리로 표현된 인생의 의미라고 말했던 P.B 셸리의 말을 상기하며 시집 속으로 들어가 유희하고자 한다. 시인은 진정 무엇을 위해 고뇌해야 하는가와 누구의 아픈 상처를 어루만져 주어야 하는가, 또한 세계(대상)와 화해의 몸짓, 혹은 세계(대상)와 대립의 몸짓 중에 어느 것을 선택하고, 어떤 경향의 시적 사유를 해야 하는가에 대해서도 번민에 빠져야 한다. 그래서 시인에게만 거짓(假眞術)이라는 특권을 준 것이다.

김동철 시인은 오랫동안 교단에서 후배양성에 전신을 바친 것이나 다를 바 없다. 그런 연유로 평자는 김동철 시인의 직업이 한 권의 동시집이라고 단정해도 무리는 아닐 것으로 생각된다. 초등학생들의 동심을 그 누구보다 잘 이해하고, 그들의 세계로 들어가 보았을 때 학생들의 진정한 동심의 의미를 깨달을 수 있기 때문이다. 교사는 특수 직업이다. 특히 초등교사는 특수 직업 중에 특수 직업이다. 누구나 할 수 있는 직업이 아니다. 그러한 세계에서 함께 뒹굴며 그들의 고양된 정신세계를 제고해 주려면 천직적인 직업관이 필요하고, 그런 천직적인 직업관으로 한 평생을 교단에 희사했다. 그러므로 김동철 시인은 한 권의 동시집이라고 불러도 무리가 아닌 듯하다.

김동철 시인 그 자체를 한 권의 동시집으로 단정했다. 이렇듯이 그의 첫 시집 『황금빛 화살』을 두고 예견했던 현실이 그대로 이루어졌으리라는 확신과 신뢰를 가지고 시집 속으로 들어가 본다.

Ⅱ. 미의 창조에 의한 항구성 획득

김동철 시인의 첫 시집 『황금빛 화살』은 한 송이의 들꽃이고, 한 편의 음악이고, 양떼구름 맛이다. 서두에서 시는 시인의 사상과 정서와 상상력을 동원하여 운율적인 언어로 그 뜻을 함축하여 표현한 언어예술이라고 언급한 바 있다. 이런 시의 정의에 부합되는 시를 쓴 시인이 김동철 시인이다. 그 까닭은 우선 순수서정시로 문학사상과 정서를 표현했고, 행갈이와 연(聯) 구분을 통해 리듬을 매우 중요시했다는 것을 그의 작품에서 확인

할 수 있다. 좀 더 세부적으로 살펴보면 시어의 사용과 시의 주제를 파악할 수 있다는 것이다.

제1부의 주제는 김동철 시인과 맺어진 인연의 대상에 대한 애상을 노래했다. 가령 '어머니, 친정어머니, 친구, 안반데기 사람들, 할매, 아버지, 당신'과 같은 시어에서 그 이유를 찾을 수 있다. 또한 시인이 살고 있는 생의 터전을 중심으로 사방으로 연결된 지명에 대해 서사적으로 노래했다. 가장 많이 등장하는 시어는 '고향'이다. 이어서 '마을, 간이역, 동구 밖, 시촌(柿촌), 뒤산, 대관령, 초막골, 반쟁이, 삼포암, 능정봉, 정선, 교문암, 안반데기, 하조대' 등을 시의 중심 시어로 사용하였다. 따라서 김동철 시인의 시는 그의 삶의 터전과 밀접한 관련성을 지니며, 지명 또한 지근거리에 있다.

제2부에서는 '그림자, 생일, 사랑, 영정, 치마, 여행, 풀무, 꽃비녀, 다비, 보물찾기, 아픔' 등으로 일상과 밀접한 관련성이 있는 시어들로 구성되어 있다. 이러한 시어들은 생의 애환이며, 생의 애환과 관련된 시어의 사용은 시인의 삶이 반영된 것으로 볼 수 있다.

제3부에서는 관념어나 추상적인 단어들과 구체어가 혼합되어 사용되었다. '우산, 마음, 설렘, 목련, 당신, 빚, 첫사랑, 첫눈, 이별, 가을비, 오월, 섬, 정년퇴직, 해신당, 늑대' 등으로 생의 희로애락의 시어들이 중심을 이루고 있다.

제4부에서는 '꿈, 시간, 삼복, 소나기, 절규, 못, 욕심, 시간, 한(恨), 수석' 등으로 자연과 가까운 시어가 사용되었다는 특징이 있다. 그러나 사용된 시어만으로 시작품의 내용들을 단정하는 것은 무리가 따를 수밖에 없다. 그러므로 대표적인 시를 예시로 삼아 상세히 분석해 보기로 한다.

대를 잇느라
한 점 꽃씨로
갈대 수푸렁에 코를 박고
비바람과 싸우며 꽃을 피우다가
풀벌레 소리에 흠뻑 젖은 당신은
찬바람 불어오던 날
야윈 몸 추스르며
어릴 적 고향을 다시 찾는다

-「구절초」 2연

가을 들판에서 피는 구절초에 '당신'을 이입하여 노래한 앞의 「구절초」는 단순히 식물의 생장성육을 노래한 시가 아니다. 이 시에서 '당신'은 상징이며, 이것은 고향에 사는 어머니이며, 산기슭에 초가집 짓고 사는 산촌의 사람이며, 시골장터에서 생애 아우성을 내는 노점 상인이기도 하다. '대를 잇는 인연은/한 점 꽃씨로/갈대 수푸렁에 코를 박고'와 '찬바람 불어오던 날/야윈 몸 추스르며'의 표현에서 서민들의 침묵 속 아우성을 들을 수 있다. 또한 동식물의 본능은 종족번식에 있다는 자연의 순리를 노래한 것이기도 하다.

한낱 '구절초'라는 식물에서 인간의 참다운 모습을 언어로 그려내는 김동철 시인의 시적 사유가 매우 깊어 보인다. 깊은 사유는 깊은 행동을 나타내듯이 김동철 시인의 깊은 사유는 애환의 삶을 예술적 가치로 승화시킨다. 결국 이런 시는 각박한 세계를 인정이 넘치는 세계를 구현하는 데 깊이 관여하고 있으며, 이것은 시인, 또는 시의 사회적 역할임을 보여주는 시적태도인 것이다. 더 나아가 시인은 자신을 위해 시를 쓰는 것이 아니라 독자를 위해 시를 쓴다는 점을 분명하게 선을 긋고 있다.

눈길 떼지 못하는
어머니

손길 놓지 못하는
어머니

지옥이라도
따라나서던 그대의 발길

지금, 어디에도
당신이 없습니다

-「그림자」 전문

 단절된 사회는 소통의 가능성을 희박하게 만드는 작금의 현대인에게 던지는 경고의 메시지가 「그림자」이다. 배금주의 시대에 물질의 욕망이 '어머니'의 숭고한 가치를 훼손시키는 결과를 낳고 있다. 물질의 편리성 앞에서는 도덕적 가치가 무자비하게 상실되고, 효의 진리가 전락하는 것에 대한 일종의 염려이다. 「그림자」의 '어머니'는 김동철 시인의 개인적인 '어머니'가 아니다. 인류의 어머니이며, 조건 없이 존경해야할 '신(神)'이다. 이처럼 각박한 사회를 향해 김동철 시인이 던지는 '효의 사상'은 시적화자의 체험에 온다는 사실이다. 체험은 기억이고, 그 기억은 시인에 의해 다시 재생되어 새로운 의미로 창조된다.
 '어머니'는 어떤 사람이든 그 사람의 마음의 정원에서 꽃으로 피어 있는 세계 공통화(共通花)이다. 그러므로 어머니가 없는 '나'가 또 있을까. 예시된 「그림자」를 읽고 깊숙한 심연에 숨어 있는 슬픔을 꺼내어 어깨를 들썩이며 흐느끼지 않을 독자가 또 있을까. '지금, 어디에도/당신이 없습니다'는 어머니의 부재가 아니다. 이 세상에 부재하는 '어머니'를 가진 사람들에게만 국한된 의미가 아니라 김동철 시인이 추구하는 '효의 사상'을 잊고 살거나, '어머니'가 살아 계셔도 '효'를 실천하지 않는 모든 사람에게 던지는 경고장과 다름이 아니다.

 김동철 시인은 '어머니'라는 주제의 시를 많이 쓴 편이다. '대문을 열면/금방이라도 들어설 것 같은/함박웃음으로 반겨 맞을/당신'(「영정 앞에서」 일부)과 '아버지는 레일/어머니는 기차/나는 손님/어머니 조전弔電을 받은/오늘까지'(「기차여행」 전문), 그리고 '잊는다는 것은/기억에서 지워 버리는 것/시간이 흐르면 잊어질까/이 밤 지새면 잊어질까/꿈속을 헤매어도/지워지지 않는 당신'(「어머니의 사랑」 전문)에서도 '어머니'의 부재에 따른 시인의 정서를 드러낸 것을 볼 수 있다. 몇 편의 시를 예시로 삼아 여러 정황을 살펴보았지만 김동철 시인이 사용하는 시적대상이 다층의 층위를 이루고 있다는 장점이 있다. 다시 말해서 시의 의미를 전달하고자 하는 독자층의 폭이 매우 방대하다는 것이다. 그만큼 사회정화 영역이 넓은 시세계를 가지고 있다는 점을 방증하는 대목이다.

   아침밥 지으시며 훔쳐 우시는
   한 여인의 눈물
   매캐한 연기 내치는 송아리 무덤에
   꺼져가는 목숨 지피느라

먼지 뒤집어쓰고
생의 때를 덕지덕지 안은 채
부엌데기로 살았다
아궁이에 아침을 지필 때면
당신은
긴 장마의 햇볕만큼 귀하다

-「풀무」전문

　김동철 시인은 시집 『황금빛 화살』에 실린 60여 편 중에 '어머니'에 대한 노래가 상당부분을 차지한다. 앞의 「풀무」에서도 알 수 있듯이 '풀무'를 내세워 그 이면에는 '어머니'를 노래하는 이중적 구조를 사용하고 있다. 다만 「구절초」와 「그림자」가 「풀무」의 시와 다른 점은 사유의 관점이 사전, 사후라는 점이다. 부연하면 「구절초」와 「그림자」는 어머니의 사후(死後)의 정서이고, 「풀무」는 생전(生前)의 모습을 형상화한 것이다. 따라서 김동철 시인의 '어머니'에 대한 시세계를 생전과 사후로 나눌 수 있으며, 생전의 세계는 어머니에 대한 성찰과 반성의 정서를 보여주며, 사후의 세계는 그리움의 정서를 나타내는 차이를 보이고 있다.
　생전의 '어머니'는 존재의 대상이고, 사후의 '어머니'는 부재의 대상이다. 따라서 김동철 시인이 보여주는 '어머니'에 대한 사유는 생전과 사후의 시세계가 동일하다는 점이다. 다시 말하면 생전에 대하던 어머니나 사후에 대하는 어머니의 가치는 늘 동등하다는 점을 드러낸다. 이것은 인간의 생전 세계와 사후 세계를 동일시하는 화해의 시정신이다. 어머니의 살아생전에 대하는 태도나 돌아가신 이후에 대한 '효'의 세계는 상호의존적이며, 영원한 '효의 사상'이라는 양 측면을 구현한다. 따라서 생전의 어머니와 사후의 어머니에 대한 가치를 동등하게 여기는, 또한 삶과 죽음의 동일성 가치를 지니는 김동철 시인은 삶과 죽음은 단지 낮과 밤, 여름과 겨울처럼 쌍으로 이루어져 있는 주기적인 단계의 하나에 불과하다. 인간 자체도 예외가 아니다. "인간은 거대한 베틀로 되돌아간다. 따라서 모든 존재는 베틀에서 나와 베틀로 돌아간다."는 도가사상의 의미를 부여할 수 있다. 그러므로 김동철 시인의 시창작 행위를 도의 실천이라고 말할 수 있는 이유다.

    꽃길을 가라며
    오아시스를 향해
    나를 안고 사막을 달리던 당신

    땅바닥에 엎드린 영혼으로
    채송화 피우며
    장독대를 지키던 당신
    무쇠 솥에 붙은
    감자 누룽지 같은 투박한 손길로
    부뚜막을 지키던 당신

    나를 등에 업은 채
    하루라도 솥뚜껑 놓칠까
    쌀 뒤지 지키며
    1988년까지 바래다준

당신은 랍비
　　　　　　　　　　　　　　-「꽃비녀」 전문

　생전에 보아왔던 어머니에 대한 그리움을 형상화한 시가「꽃비녀」이다. 앞에서 살펴본 몇 편의 시편에서 느낀 시와 유사한 시이다. 1988년에 유명을 달리하셨으므로 30여 년이라는 세월이 흘렀다. 그럼에도 불구하고 김동철 시인의 어머니에 대한 동경은 한결같다. '채송화'를 피우는 일과 '장독대'를 지키는 일이며, 부뚜막을 지키던 일은 어머니가 한평생 그린 문양이다. 그런 까닭에 김동철 시인은 「사랑하는 마음」에서 '내가 당신을 사랑하는 것은/나에게 아직 멈추지 않은/가슴이 뛰고 있기 때문'(「사랑하는 마음」 전반부)이라고 '당신'에 대한 그리움을 지우지 못하고 있다. 그뿐만이 아니다. 「당신」에서도 '깊은 밤/혼자 걷는 오솔길/나를 마중 나온 상현달은/당신의 얼굴'(「당신」 3연 중에서)이라며, '당신'의 숭고함을 끊임없이 기리고 있다. 이런 사건들은 김동철 시인을 랍비로 만든 원동력이다. 따라서「꽃비녀」를 통해 부모만큼 훌륭한 스승은 없다는 교훈으로 모든 사람들을 깨우치고 있다.
　시인 장 콕토는 "시인은 성자여야 한다"고 했다. 시인은 시를 통해 세상의 이치를 깨닫게 하는 성자적인 스승이어야 한다. 그러므로 김동철 시인은 교장이라는 직업으로 오랫동안 교단에서 생활해 왔고, 정년퇴임 후에도 시인이라는 사회적인 짐을 지고 교시적인 시작품으로 인류의 구원사업에 동참하고 있다. 그러므로 그에겐 교단생활이 천직적인 직업이 아닐 수 없다는 것을 방증하는 사례인 것이다.
　시인은 눈먼 시계공의 꿈을 그려줄 수 있는 화가여야 하며,

대자연 앞에서 두 무릎을 꿇고 자연의 침묵을 받아 쓸 수 있어야 한다. 낮은 자 앞에선 더 낮은 자세를 가져야 하고, 때로는 강물소리에 귀를 기울려야 한다. 지금 시집 『황금빛 화살』에 수록된 여러 시편은 낮은 시적태도로 세계를 자아화하거나 자아를 세계화하는 데에 심혈을 기울이고 있다. 이런 시적태도는 오랜 숙련의 결과이며, 지나친 편견에서 벗어난 보편성을 추구하려는 시인의 끊임없는 자성에서 비롯된다.

    내 얼굴은
    당신께 보여드렸지만
    내 마음은
    당신께 보여드리지 못 했습니다

    그것은
    당신이 편히쉬어 갈
    초가 한 칸이 되지 못하기 때문이요
    당신을 품어줄
    호수가 되지못하기 때문입니다
    마주하는 동안
    가끔 웃음꽃이 새어 나오긴 했지만
    당신 앞에만 서면

    빛바랜 삶의 빈 통장이
    가슴을 할큅니다
                       -「갚지 못한 빚」 후반부

김동철 시인은 '당신'에 대한 탐구를 이젠 그만 포기할 것만 같은 데도 아직도 여전히 '당신'이 누구인가를 탐구하며 대화를 시도한다. 1연은 언행일치를 행하지 못한 성찰의 의미를 담고 있다. 겉으로 보이는 허구는 보여주었지만 진정한 내면의 세계를 보여드리지 못한 행동에 회고적 성찰을 기탄없이 시도하고 있다. '당신'에게 보여줄 내면세계는 '당신이 편히쉬어 갈/초가 한 칸'과, '당신을 품어줄/호수'와 '삶의 빈 통장'을 채우는 일이었으나 그 약속을 이루지 못한 것에 대한 회고적 자책이다.

　　김동철 시인이 주정(主情)의 시를 지어도 단순히 '당신'에 대한 그리움의 분출이 아니다. 시적 대상에 대한 자성이라는 점이 다른 시인과 차별성을 갖는다. 이것은 그리움의 표현보다 한층 성숙된 시적 감각이며, 지나치게 불필요한 군말에서 벗어나려는 노력이다. 또한 시적태도에 있어서 교만의 흔적을 찾아볼 수 없다. 그것은 시인 자신을 내세우지 않는 오직 '당신'이라는 대상에 대한 탐구에 천착하기 때문이다. 이런 현상은 결코 쉬워 보이지 않는 시인의 시적 태도이다. 즉 김동철 시인만이 가지는 엄정한 자기검열로 시인의 의무로 생각하는 순수한 원칙에서 오는 결과로 수용된다는 점이다.

　　물질만능주의 시내에 점차 숭고한 가치가 훼손되어가는 '당신'에 대해 '내가 흔들리지 않'으려고, '가슴에/못을 박으'며, '입에/못을 박으'며, 또한 '대못을 박는다'(「못2」 일부)고 자기선언을 한다. 이 선언이 한낱 물거품이 될 것을 염려하여 '못은 두들겨야/박히고//못은 잡고 박아야/탈이 없다//한번 굽은 못은/다시 박아도 굽는다//그러나//박히면 끄떡없다'(「못1」 전문)고 자기다짐을 하기도 한다.

매일 맞이하는
아침도
가슴 설레이며
처음처럼 마시고 싶다
─「처음처럼」 2연

앞에서 예시로 삼은 「처음처럼」은 '당신'의 숭고한 가치를 보존하려면 초심의 마음을 잃지 말아야 한다는 다짐이다. 이런 맹세를 타인에게 들려주는 것이 아니라 자신에 대한 자기다짐이다. 김동철 시인은 어떤 일이든 초지일관의 정신세계를 일관되게 전개해 오고 있다는 사실이며, '당신'을 사랑하고 존경하는 마음은 예나 지금이나 변함이 없다는 맹서(盟誓)의 일면으로 인식된다. 이런 점이 김동철 시인의 시정신을 높이 사는 이유 중에 하나다. 어찌 보면 아침에 일어나 한 치의 오차를 허용하지 않는 어제와 오늘의 삶이 '처음처럼' 동일할 것을 주문하는 기원의 시와 같은 것이다.
　김동철 시인의 시를 은밀하게 살펴보면 시 속에 자기 삶이 온전히 반영되어 있다. 시는 시인의 거울이며, 자신의 얼굴이라는 점을 강조하는 듯하다. 작금의 시대에 시와 삶의 불일치를 이루는 시인들이 다수의 눈에 띈다는 것은 매우 안타까운 일이다. 그러나 김동철 시인은 우리들의 우려를 시작품으로 불식시킨다. 즉 시와 삶이 각각 다른 양상을 보이는 안타까운 현실로부터 동떨어져 있다는 것을 그의 시작품을 통해 보여주기 때문이다. 진정 시인이 걸어가야 할 길이 무엇인가를 간파한 김동철 시인에게 찬사의 마음을 전하고 싶을 따름이다.
　이처럼 자신에 대해 엄격한 자성의 심정을 토로하는 내용이

담겨 있는 여러 시편을 발견할 수 있다. 그 중에 대표적인 작품을 예시로 들면 다음과 같다.

모든 게

때가 있다
때를 모르고 살다가
때가 지난 줄 모르고
아직도 그때인 줄 알고 산다

착각이다
　　　　　　　　　　－「마음에 갇힌 시간」 전문

어떠한 비유도 없이 서술적 이미지를 통해 자성의 심정을 드러내는 시가 「마음에 갇힌 시간」이다. 이 「마음에 갇힌 시간」은 평범한 진리이면서 바쁜 일상에서 잊고 살던 우리들에게 '모든 게//때가 있다/때를 모르고 살다가/때가 지난 줄 모르고/아직도 그때인 줄 알고 산다//착각'하지 말라는 교시적인 뜻을 강요에 의하지 않고 유연하게 개입함으로써 선택을 유도하는 넛지효과(nudge effect)로 일깨우고 있다.

　김동철 시인의 첫 시집 『황금빛 화살』에 실린 60여 편의 시는 '당신'이라는 대상을 놓고 서로 맞물려 있는 점이 이 시집의 또 하나의 특징이다. 예를 들면 앞에서 차용했던 「마음에 갇힌 시간」은 시적대상이 '당신'과는 무관한 '시간'과 관련된 주제를 가지고 있다. 「처음처럼」의 시도 『황금빛 화살』의 시집이 추구하는 핵심적인 시세계와 별개의 작품으로 분류할 수 있으나 실상

따지고 보면 '당신'이라는 시적대상을 완성 단계에까지 도달시키려면 성찰과 반성, 자기다짐이라는 일면을 분명하게 드러낼 필요가 있다. 따라서 '당신'이라는 주연급 노래의 대상을 부각시키기 위해선 조연의 역할을 담당하는 「마음에 갇힌 시간」이나 「처음처럼」, 그리고 「간이역」, 「첫눈이 오던 날」, 「교문암」과 같은 시가 필요했던 것이다.
  이쯤에서 다시 김동철 시인이 그토록 천착하던 '당신'의 실체가 무엇인가를 분석할 작품 하나를 예시로 삼아보자.

>당신은
>나더러
>침묵하라한다
>
>당신은
>나더러
>기다리라한다
>
>당신은
>생의 비바람에
>거칠어진
>나에게
>
>시간을 짊어지고
>물처럼
>살라한다
>
>   -「수석壽石」전문

앞에서 '당신'은 김동철 시인의 랍비(rabbi, 교사)라고 말했다. 이 랍비는 시적자아에 대해 여러 가지를 주문한다. 가령 '침묵하라', '기다리라', '물처럼 살라'와 같은 일상생활의 지침서와 다름이 아니다. 일상생활의 지침서는 지나친 요구가 아니다. 일상생활에서 누구나 지키고 살아가야 하는 행동요령이다. 이렇게 평범한 진리, 일상에서 마땅히 지키며 살아가야 하는 평범한 행동지침을 일러주는 랍비는 누구일까. 그 해답은 「오월」의 작품에 밝히고 있다.

고관대작으로 키우려는 교육방식이 아니다. 정신이 건강한 선량한 소시민으로 영육하려는 인류의 모든 어머니들이 들려주는 목소리이다. 그래서 시적대상을 '수석'이라는 물상을 앞세우고 실질적으로 우리들의 어머니의 목소리를 들려줌으로써 「수석壽石」이 지니는 시적가치는 평범함 속에서 완성도가 높은 시로 평가하는 이유인 것이다. 수석 수집가들의 말을 빌리자면 "수석 속에는 우주의 삼라만상이 다 들어있다"고 한다. 그 삼라만상 속에는 하나의 '당신'도 들어 있으며, 수석 속의 해맑은 자연의 얼굴은 '당신'의 얼굴과 같은 것이다. 수석의 침묵 속에서 조용히 들려오는 우주의 신비는 김동철 시인이 천착하는 '당신'의 신비와 동일성의 가치를 지니고 있다.

시는 경험과 상상력으로 탄생한다. 따라서 외연적으로 분석해 보면 수석에서 얻은 하나의 깨달음으로 평가할 수 있으나 내포적 분석 방법으로 살펴본다면 '수석=당신(어머니)'이라는 등식이 성립된다. 이와 같이 김동철 시인은 시적구조를 선택함에 있어서 겉으로 보조관념을 시적 대상으로 내세우고 속으로는 원관념을 상징적으로 노래하는 이중적 구조의 시 형식을 즐겨 사용한다는 특성을 지닌다. 이 점 역시 김동철 시인만이 지니고 있는 특별한 시 창작기법으로 간주할 수 있는 부분이다.

한편, 김동철 시인은 「오월」에서 '당신'과의 관계설정에서 부재에 따른 안타까움을 일관되게 고집하지 않는다. 비록 이별의 '당신'으로 규정해 놓은 상태에서도 다시 '만남의 당신'으로 희망의 메시지를 독자들에게 던진다. 가령 '만남을 맡겨두고/떠나는 당신은/대관령의 혹한 바람과 싸우다/삼월 삼짇날/아름의 꽃을 안고 달려오'(「교정의 이별」 중에서)라는 희망적인 목소리로 노래한다는 표현을 그 근거로 지목할 수 있다. '당신'이 누구인가를 끝끝내 연속선상에 놓고 차이와 결론을 유보(留保)하던 김동철 시인은 「오월」에 이르러 그 실체를 비로소 드러낸다.

> 내 마음이
> 사막을 걷고 있을 때
> 당신이 찾아오면
> 꽃밭이 되는
> 내 마음
> 당신은 내 삶의
> 오아시스
>
> ―「오월」 전문

지금까지 탐구 대상이었던 상징적 의미의 '당신'을 드러내는 작품이 앞에 예시한 「오월」이다. 김동철 시인이 지금까지 '당신'에 대한 의미를 좀처럼 드러내기를 유보하던 시적 태도를 보여왔으나 '내 마음이/사막을 걷고 있을 때//당신이 찾아오면/꽃밭이 되는/내 마음//당신은 내 삶의/오아시스'라는 표현에서 '당신'의 의미가 인류의 모든 어머니라는 것을 분명하게 드러낸다.

그런 까닭에 '당신'은 '내 마음을 꽃밭으로 만드는 귀인'이며 '사막을 걸을 때'나 혹은 내 삶의 오아시스'이었던 것이다.

오아시스는 '내'가 자랄 수 있게 해주는 영토이다. 샘물이 솟아나는 곳으로 사막을 지나가는 대상들의 휴식처가 된다. 결국 '당신=오아시스'로 귀결되며, 시인에게 생명수를 제공해 준 오아시스를 떠나서 살 수 없는 '나'가 되는 것이다. 우리 모두가 힘겹게 살아온 뒤안길에는 푸른 오아시스 하나가 지켜주고 있었던 것이다. 김동철 시인은 무조건적으로 '나'를 지켜준 오아시스를 노래한 까닭은 효의 도리를 다하고자 하는 선량(善良)에서 비롯된 것으로 판단된다.

이 시집에서 들려주는 '당신'의 의미는 다층적인 의미를 지니고 있다. 그러므로 시를 읽어보는 독자들이 스스로 상상력을 동원하여 시적대상이 지니는 의미를 추론하거나 상상하는 것은 어디까지나 독자의 몫이라는 점은 이론의 여지가 없다.

Ⅲ. 나가기

지금까지 김동철 시인의 첫 시집 『황금빛 화살』에 실린 여러 시편을 다각적인 관점에서 살펴보았다. 어떤 작품은 보리밭에서 들려오는 종다리의 노랫소리였으며, 어떤 작품은 태풍이 지나간 뒤에 밀려오는 파도였다. 또 어떤 작품은 성직자의 근엄한 목소리였으며, 어떤 작품은 어두운 밤하늘에 떠있는 별빛과 같았다. 따라서 종합적으로 요약하면 시작품이 품고 있는 무늬는 순수라는 말로 대신할 수 있다. 시적 표현은 화려한 장미꽃이 아니라 평범(平凡) 속에 뼈의 의미를 담은 백합이었으며, 갓 구워낸 빵과 같은 삶의 양식과 같은 잠언이기도 하다. 이러한 정황을 살펴보면서 김동철 시인의 첫 시집『황금빛 화살』에 대해 분석한 결과를 요약해 보면 다음과 같다.

  첫째, 한 권의 시집『황금빛 화살』은 우리들의 영원한 랍비(rabbi, 교사), 즉 인간으로서 반드시 지키면 살아가야할 기본요소를 교훈하는 '당신', 즉 어머니를 노래하는 일에 천착하는 시적 태도를 발견할 수 있었다. 어머니의 가르침을 직설적으로 설명하지 않았다. 이중적 구조라는 형식으로 시의 완성도를 가일층 높였으며, 독자들에게는 상상력의 확장을 요구하며, 카타르시스(catharsis)적인 큰 울림으로 다가갔다. 한 개인의 어머니를 인류의 어머니로 승화시킨 시정신은 높이 평가를 하지 않을 수 없는 부분이다.

  시적 대상을 객관적이고 보편적으로 승화시킨다는 것은 그리 쉬운 문제는 아니다. 시적대상의 승화는 시인의 시적태도를 한껏 낮춰야 한다는 전제조건이 따른다. 시인 자신을 높이고서는 그 대상을 승화시킬 수가 없다. 따라서 김동철 시인은 한 편 한 편 시마다, 연과 연마다, 행과 행마다 자신의 몸을 낮춘 흔적들을 쉽게 발견할 수 있었다. 또한 시적대상을 승화시킬 수 있다는 것은 그 시적대상과 충분한 교감을 통해 특별함이 발견되어야 가능한 것이다. 그런 점을 고려해 볼 때 김동철 시인의 시적 태도가 매우 겸손하다는 점이며, 시적대상에 대한 사유가 바닥을 알 수 없는 폐허의 동굴 깊이만큼이나 깊어 보였다. 이것은 김동철 시인의 본성이 그대로 작품에 반영된 것이며, 효의 사상을 끈질기게 보여주었다는 점이 독특한 특성이라 할 수 있다.

  김동철 시인의 시집을 읽으면서 '글은 곧 그 사람이다'라고 했던 뷔퐁의 말을 상기해볼 필요가 있다. 그 까닭은 뷔퐁이 지적

했던 이 명제가 김동철 시인을 두고 한 말이라는 것에 동의를 할 수 있기 때문이다. 또한 시집 속의 시작품 내용과 김동철 시인의 삶의 방식이 그대로 동일하기 때문이다. 동시에 그는 자연을 있는 그대로 노래하지 않았다. 자연의 일부분을 '당신'이라는 보조관념으로 끌고 와 원관념인 '어머니'의 의미를 전달하는데 효과적으로 사용하였다. 이것은 고도의 시적 전략이며, 수많은 시행착오 끝에서 얻어낸 고귀한 자신만의 시 쓰기 전략을 가지고 있다는 근거다.

둘째, 한 권의 시집은 그 김동철 시인이 걸어온 삶의 아우성이며, 압축된 고독의 한 단면이다. 릴케가 시를 경험의 소산이라고 말했듯이 『황금빛 화살』에 실린 각각의 시는 김동철 시인이 걸어온 행적의 무늬이며, 상처가 아문 자리였다. 올바른 생의 행적의 문양을 그리려고, 동시에 단단한 고독과 싸워 이기려고, 어떤 날엔 온몸에 달라붙어 떨어질 줄 모르는 그리움으로부터 이탈을 위해 성찰과 반성의 시들이 시집 속에 속속히 자리잡고 있다.

성찰은 시인의 고백을 전제로 할 때만이 가능하다. 마음속에 내재된 진술을 밖으로 꺼내어 타인에게 들려준다는 것은 그리 순탄한 일은 아니다. 그러므로 고백이 선행되지 않은 상태에서 성찰의 시가 완성될 수가 없다. 따라서 내면의 세계에 자리하고 있는 자기고백을 하는데 김동철 시인은 망설이지 않는다. 더구나 고백의 질료는 무채색이다. 지나친 감정의 분출도 아니며, 강하게 드러내는 개성의 극단화도 찾아 볼 수가 없다. 다만 잔물결도 없는 호수와 같다. 그러한 가운데에서 김동철 시인은 미의 창조에 의한 항구성을 획득한다. 또한 시작품 속 어딘가 잘 감추어진 서정과 접목된 지성의 꽃이 있어 독자들은 『황금빛 화살」이라는 그 시림(詩林)을 배회하게 만든다. 이런 점이 김동철 시인의 매력이다.

    끝으로 첫 시집 『황금빛 화살』 상재를 축하드린다. 동시에 시인의 첫 시집 상재가 시인의 정체성을 알리는 차원이라면 시인의 성숙성을 대변하는 두 번째 시집 상재와 더 나아가 시인의 완숙성을 증명하는 세 번째 시집까지 기대해 본다.

시현실 시인선 009

황금빛 화살

초판 1쇄 발행 | 2020년 09월 1일

지은이 | 김동철
발행인 | 원탁희
발행처 | 도서출판 예맥
등록번호 | 서울 바 02915
등록일 | 1999년 5월 21일

주소 07581 서울특별시 강서구 강서로 68길 36 상가 206호
전화 02 · 2658 · 6465
E-mail ymbook@naver.com

10,000원
ISBN 978-89-91411-38-8 03810